조팝꽃은 아홉 살

조팝꽃은 아홉 살

박효숙

현대시학시인선 127

박효숙

전남 여수 출생.
2016년 《리토피아》로 등단.
시집 『은유의 콩깍지』 『한 끼의 구문론』이 있음.

hopak1115@hanmail.net

✱ 시인의 말

저 꽃밭에 스미는 바람으로
사랑을 했으면…

꽃 속에 머무는 햇살들로
가슴을 빚었으면…

꽃보다 영혼이 숭嚴한 나비였으면…

시의 길모퉁이
나, 여기서
그림자 지워지도록 서성일 줄이야

차례

* 시인의 말

1부 그 섬, 노을을 훔치다

조팝꽃은 아홉 살	14
이 시간에, 햇살은	15
그 섬, 노을을 훔치다	16
별의 순간	18
편백나무의 방식	20
어둔 밤이면 별로 뜨리라	22
질책	24
소녀	26
나의 에덴	28
입동 단편	30
서사敍事의 무늬	31
은유의 누드 혹은 무등산	32
풍장의 습관	34
위층 사는 그 여자	36
경전 읽기	38

2부 사랑의 변주

사랑의 변주	40
그 말이 나를 물들였다	42
아찔한 비행飛行	44
그리움의 생태에 관한 보고서	45
꽃의 정치	46
신 연애학개론	48
연인	50
헛간의 습관	52
흰 보라 제비꽃	54
봄 산	56
영글다	58
브런치 콘서트	60
오르가슴에 대한 고찰	62
나무를 열람하다	64
새벽에 관한 기억	66

3부 정오의 한담

어떤 심심풀이	68
'어깨너머로'라는 말	69
정오의 한담閑談	70
아침에 보낸 편지	72
봄의 환幻	74
돌탑 한 송이	76
소문	78
길	80
나비 폭풍	82
색동 꽃무늬	84
새날	86
동화책 시절	88
여름이라는 우화寓話	90
지금은 동토의 시간	92
시 읽는 아침	94

4부 제라늄에 살랑거리다

아기 분홍찔레꽃	96
詩알	97
스물 즈음의 녹턴nocturne	98
제라늄에 살랑거리다	100
이름을 부르는 일	102
그리움을 표절하다	104
달 저편	106
햇살 담긴 말	108
가을볕, 옹글다	110
눈길 닿다	112
말의 사리舍利	114
봄, 피다	116
허공이 되다	118
저 꽃잎의 환幻을 넘어야만 한다	120
꽃 멀미	122

＊해설
세상의 맑은 은유로 가는 고요의 화법 | 신병은(시인)

1부
그 섬, 노을을 훔치다

조팝꽃은 아홉 살

조팝꽃에 들인 방은 하도나 작아

꿀벌이 뒤척이기에도 조심스러운 곳

별도 달도 벌레도 새앙쥐도 우리들도 어머니 탯줄로 매달려 팔랑거렸던

연녹색 젖이 묻어나던 곳

키 낮은 돌담 아래 반짝이던 그 은하銀河가 예 있었구나

그 옛날 친구 순이가 슬쩍 꽃으로 와있었구나

내가 잊었을 뿐, 떠난 적 없는 너는, 그 저녁의 밥꽃으로 소복이도 피었구나

네가 피었다 지는 사이, 지나가는 누구나 그 맑은 눈빛에 하얀 웃음 걸겠다

이윽한 흙내음의 오늘 너는 아홉 살

이 시간에, 햇살은

청명의 이마 닮은 햇살 쏟아지네

키 작은 풀꽃들 어루만지며 햇살 쏟아지네
진달래가 병풍을 두른 무너진 묏등 위로 햇살 쏟아지네
돋아난 새순 위 윤슬로 햇살 쏟아지네
정오의 키 작은 그림자 고딕으로 찍으며 햇살 쏟아지네
시린 내 등 위로 햇살 한 채 쏟아지네
자드락길 위에도 융단폭격으로 햇살 쏟아지네
꺼풀을 벗기며 빗장을 열며 햇살 쏟아지네
농사일 시작하는 농부의 손이 되어 햇살 쏟아지네
늙은 배추 고부라진 꽃대궁 자글자글 끓이며 햇살 쏟아지네
아주 멀리서 그리운 이 찾아온 듯

시간의,
햇살, 쏟아지네

그 섬, 노을을 훔치다

바다가 지는 해를 품으니

치마폭을 푼 바다 살냄새 물큰해요

여자만 너른 갯벌을 품에 안은 곳

마음의 물결을 건너야만 이를 수 있는 곳

종일 달구어진 해가

어둠을 안아 허방처럼 빛나는 순간

피할 수 없는 누군가의 운명처럼

오늘이란 비늘 떨어뜨리는 황홀한 노을

굽이굽이 몇 번은 만난 듯도 한

은유의 상흔傷痕들, 먼 이야기에 닿아요

이제, 그만 내려놓으라는 듯

세상에서 얻은 이름이란 게 헛묘 한 채라고

저물면서 더욱 빛나는 저녁노을처럼

이루었던 꿈도 이루지 못한 꿈의 조각들도

뒤돌아보면, 모두가 아름다워요

'언젠가 한 번 꼭 피어나거든 저 꽃만큼만 피어다오'

섬달천* 해넘이 저 노을

오늘은 내가 훔쳐 갑니다

* 전남 여수시 소라면 114~1 여자만에 위치함.

별의 순간

할머니의 방에는 콩나물이 자랐다

한밤중, 새벽녘 잠결에도

또로록 물방울 건네는 소리 들리곤 했다

짚을 깐 시루, 까만 어둠의 집에서

콩에서 콩나물로 가는 그 며칠 동안

따뜻한 아랫목에 신줏단지 모시듯

할머니는 성소의 지킴이었다

콩의 얼굴이 마냥 궁금해

콩이 생각했을 어둠이 너무 궁금해

지청구에도 아랑곳없이

검은 보자기 천장을 들춰보는 순간의

천지개벽이라니,

궁금함은 나만의 일이 아니어서

쑥쑥 시루의 경계를 멀리 벗어난 물음표들의

그 노랗고 비릿한 아우성이라니,

몸살 한 번 되게 앓은 뒤의

콩나물국 한 그릇

아슴아슴

봄 길 되어 걸어오는 우리 할머니

편백나무의 방식

마른 체형의 군살 없는 그이
애오라지 옷 한 벌이 전부여서
무소유의 스님을 연상케 한다
그의 가슴에 손을 얹으면
과연 두근거림에 닿을 수 있을까?

바람의 회유에도 고갤 숙이거나 흔들림 없이
허공이 움찔 솟는 저 직필들
올곧은 충정의 결기 맑고 서늘하다
한순간의 느슨함도 나태함도 용납하지 않으며
결정된 일에 망설이거나 후회도 없다

곁을 두지 않는 건 단순하고 정직한 그의 개별성
누군가에게 꽃잎의 연서를 보내기보다는
묵묵하게 치유의 에너지를 전하는 수행이
그의 기꺼운 사랑 방식이다

불립문자不立文字 같은 그이

무엇을 그리워하느냐고 물었더니

명상 중이라고 한다

그의 품 안에 들면

기울어지던 맘속의 추가 평형을 이룬다

어둔 밤이면 별로 뜨리라
― 성북동 나들이

우거진 숲 아래 이목구비 뚜렷한 미인이다 일각문 들어서면 초가지붕 닮은 사철나무 한 그루, 윤기 나는 잎새 위로 꽃들이 잔잔하게 수를 놓고 있다

조선 말기쯤으로 보이는 빛바랜 목가구木家具가 눈길을 끄는 수연산방壽硯山房*, 대청마루 누마루 사랑방 안방엔 객들의 담소가 도닥도닥 빗소리에 젖어 들고 길상사 마리아를 닮은 관세음보살상에 잠깐 생각이 머무는 사이 벗겨진 발목의 개다리소반 위엔 착한 단호박 팥빙수, 모처럼 온화한 풍경으로 마루에 앉아 비 오는 뜰도 함께 맛본다.

아버지 떠난 텅 빈 마당엔 올망졸망 까까머리 형제 같은 장독들만 비를 맞잡는데 그 곁에 키 작은 봉숭아꽃이 막내처럼 기대섰다 담채로 물들고 있는 추녀 끝 한지 등燈, 선문답하듯 은은한 미소로 길손을 맞이하는 돌확 속 하얀 연꽃 두어 송이, 감색 목도리를 한 새 한 마리 앉아있는 뜰엔 채송화 분꽃 참나리 수국이 속 눈물 방울방울 애틋하게 젖고 있다

그믐밤, 안개 낀 바다 한가운데로 홀로 노 저어갔을, 어느

월북 작가가 머물렀다는 허물어진 성곽 그늘 바라보며 그의
마음을 헤아려본다

  어둔 밤이면 별로 뜨리라

* 단편소설 작가 상허 이태준의 가옥으로 서울시 민속자료 11호로 지정됨.
1933년~1946년 월북 전 13년간 기거하며 집필했던 한옥이다. 지금은 그 후
손이 전통 찻집으로 운영하고 있다.

질책

익히 알고는 있었지만

저렇듯 매운 말이 들어있을 줄이야

둥글둥글한 겉모습과는 다르게

겹겹이 쌓인 감정의 속살 여지없이 드러낸다

무사히 지나가지 못할 것 같은 예감에

슬쩍 시선을 피해 보기도 하지만

돌이킬 수 없는 상황이란 걸 인지한다

말로는 애초에 너무 미약할 것 같아

도리없이 그는 침묵의 운을 떼었을 것이다

둥근 방에 갇혀버린 소통의 길은

무심코 단단한 육질의 언어로 바뀌었을 것이다

한 움큼의 숙성된 뼈있는 말

양파 속에는 눈물을 쏙 빼놓는 질책이 들어있다

한나절 알알하게 눈물 쏟고 나니

그 무슨 슬픔 같은 것이 뉘우침 같은 것이

내 안의 어둠을 살짝 걷어내면서

말갛게 씻어지는 것 같아

그의 말씀을

목간木簡처럼 받아들고 성찰한다

소녀

사뿐거리며 나풀거리며
나비의 날개를 꿈꾸는 사랑을 해요

고요히 호흡을 가다듬는 바람의 손길에도
솜털 보송보송한 가슴 콩당거려요

엄마의 그늘을 벗어나려고 콩콩거리는
겉으론 새침하지만 맑은 영혼을 가진
횃불보다는 촛불이 더 잘 어울리죠

달빛과 별빛을 좋아하면서도
햇살의 반짝임 아래서 더욱 눈부셔요

찔레꽃 같은 순수로, 때론 발랄함으로
골짜기든 벼랑이든 두려움 없이
제 삶의 중심으로 만들 수 있어요

사랑 흔들리면 '안녕'이라고
꽃잎날개 펼치며 망설임 없이 날아가요

맞짱 뜨려고 성을 높이 쌓다가도
시린 별 무더기로 한순간에 쏟아져 내리는
그녀, 겨울 눈꽃이에요

나의 에덴

초록 이파리 위
나는 한 마리 작은 연두벌레

내 몸 어딘가에서 초승달이 떠오르던 곳
발걸음마다 채송화가 따라오던 곳
괜찮다 괜찮다고, 꽃잎의 손수건을 내밀던 곳

반딧불이 꽁무니 따라 시간을 벗어나던 여름밤과
유성 꼬리마다 피어나던 싸리꽃들과
받침대 없이도 잘도 뜨던 어린 별들과
시간을 발밑에 묻고 살던 꽃나무들과
잃어버린 공깃돌, 깨어진 소꿉종지들과
죽은 딱정벌레들의 기다란 목과 맨발의 반가사유
상여를 내리기에도 딱 좋은 뜰이었어요

그늘과 열매를 넌지시 건네주던 어르신 나무들과

그 나무 아래서 손잡았던 아이들 햇살 웃음

옥양목 이불깃 눈부시게 나부끼던 빨랫줄엔

까치며 참새들 별자리가 조금씩 밀리기도 했어요

내가 처음 눈을 열어 바라보았던 세상

어머니와 작은 뜰이 있었던 그곳

나의 에덴이었죠

입동 단편

겨울이 무릎 세우는 날이다

발코니 찬바람의 길을 돌리고
햇볕을 따라 태胎자리를 창가로 옮기는 일은
나만의 오롯한 겨울맞이 행사다

갓 구운 햇살이 좋아서
이곳에 진을 치고 햇살의 깃털까지 주워 모을 요량이다

한나절 시린 등을 노릇하게 구워내면
저녁의 허리도 구수해지리라
잘 익은 시 한 편 오븐에서 꺼낼 수도 있으리라

겨울의 남쪽 창이 산란한 볕은
어머니가 지으신 햇솜 이불 한 채
눈에 가득 봄밤을 담고
이제부터 햇살과 나는 금실 좋은 부부가 될 요량이다

서사敍事의 무늬

작심한 듯

고요에서 깨어난 낯선 얼굴들이

순간, 양푼 가득 넘치게 피어나는 거라

갈 빛 적막이 실타래처럼 풀리는 거라

대웅전 부처님 귓밥처럼 길어지는 거라

"입은 작게 귀는 크게 열라"는 가르침을 새기는 거라

그 말씀 빛이어서

사라지면 언제 다시 올지 몰라

까치발 들고 두 귀를 모으는 거라

말랑말랑한 귓바퀴를 활짝 열어놓고

첫새벽 같은 경經 읽는 소리에 귀 기울이는 거라

따뜻한 불빛의 잠언으로 피어나는 거라

양껏 물을 마신

목이木耳버섯 한 줌

저 눈부신 서사敍事의 무늬들

은유의 누드 혹은 무등산

너부러진

그녀의 풍성한 젖가슴과 아랫배는

생명의 곳간

온갖 것들을 품어주는 산이다

마른 들녘을 적셔나가는 노을빛 강이다

시간의 물결 위로 떠내려가는 꽃잎이다

낮고 부드러운 골짜기와

무명필로 흐르는 능선의 여수旅愁와

구긴 습자지처럼 조붓한 어깨선들

꺾이고 접힌 어머니 세월이다

둥글게 말아 앉은 이슬과 해와, 또 그 발자국마저

모든 무게를 버린 듯

회고도 미래도 버린 듯

무등無等에게로 돌아가는 무등無等이다

담백하고 욕망 없는 새벽길이다

그*의 누드

어머니는 무등산이다

* 피카소의 선과 획을 긋는 터치와 루벤스의 풍만한 뎃생 기법으로,
한국이 낳은 수채화의 대가, 배동신 화백을 일컫는다.

풍장의 습관

문을 열자

후욱 끼치는 마른 꽃 냄새

가벼워져 가는 것들을 바라보는 아침이다

바람을 껴안은 국화꽃 겹겹의 입술들도

채반에 누워 밤새 고들고들해진 모과도

내일이면 잠자리 날개처럼 가벼워질 것이다

탁자 위의 탱자 몇 개 돌처럼 단단하다

겨울 노가리처럼 굳어진 도라지와

바람이 잘 드는 양지 볕 아래 무말랭이는

피와 살을 아낌없이 내주고 영생을 얻었다

잎 떨군 감나무 위로 하늘이 멀어지면

빈 가지에 명태 몇 마리 대롱대롱 열리고

일용할 시래기가 뒤꼍에서 습기를 거두던 옛집

멍석 위엔 곡식들이 맑은 종소리를 내곤 했다

몸이 젖은 말을 흘려보내는 날들

지금 나는, 바람을 햇볕을 가을 내내 훔치고 있다

긴 여름 몸속에 자리한 습담을 밀어내며

젖은 것들은 모두 **빼빼** 마른 꽃이 되었다

위층 사는 그 여자

위층에 사는 그녀는

내 꿈이 어둠보다 더 단단해질 무렵 돌아온다

문소리로, 발소리로, 물소리로…

밤의 귀가 순서를 알리는 여자

십 대의 두 아들을 대변인으로 둔 여자

오전의 휴식을 빗금으로 묶어둔다는,

불가마에서 오후를 푸르게 구워낸다는,

대변인을 통해 공식적으로 통보하는 여자

건달처럼 객을 가로막는 입구의 가죽 부츠와

전의를 잃고 흩어진 신발들로

세상 가장 자유분방한 디자인의 정원을 가꾸는 여자

놀이공원을 집안에 허락해준 여자

푸른 초원에 말까지 덤으로 마련해준 여자

노련한 외교관처럼 빠져나갈 키를 가진

모든 걸 알고 있으면서 아무것도 모르는 여자

엘리베이터에서 두어 번 만난 적 있는

다크써클dark circle 선명한

파랑波浪 냄새가 진한

위층에 사는 여자일까, 잠깐 귀를 세워볼 뿐인

그 여자

경전 읽기

나무가 새순을 틔우고 있다
속살이 단단한 겉살을 밀어내는 중이다
힘이 장사다

나무 아래서 나무의 속살을 읽는다 뽀얗다 비릿하다 부드럽다 선善하다 볼긋볼긋하다 푸릇푸릇하다 뽀송뽀송하다 포근포근하다 말랑말랑하다 보들보들하다 야들야들하다 실핏줄 투명하다…

이제 막 눈 뜬 신생아다

고 여린 손으로
햇살 바람 하늘과 새들…
온 우주를 끌어당긴다

이 경전을 읽어내려면
마음에 먼지 한 점 없어야 한다

2부
사랑의 변주

사랑의 변주

여뀌꽃밭에 온 동네 날것들 다 모였네요
여뀌꽃망울은 아기 손톱보다 작아서
이슬 한 방울 눈빛에도 휘청이는데요
블랙홀처럼 빨려드는 건
재치 있고 리드미컬한 rhythmical 그녀의 허리지요

여뀌꽃은 딱 그만큼의 추를 세우고
날것들이 두근두근 사랑의 건반을 누를 때마다
각각의 다른 음계로 통통 다시 튀어올라요
한 점 극지 위에서 떨고 있는 날것들의 사랑을
온몸으로 너끈히 받아주고 싶은 거죠

"그리운 사랑 하나
음계의 계단을 밟고 내려 올라나,
그대가 아찔한 절벽 끝에서 서성인다면
내 사랑의 몫으로 그대보다 먼저 바닥에 닿아

온몸으로 그대를 받아 안겠습니다"

세 평 꽃밭에서 펼쳐지는 그녀의 고운 선율 위로
어린 초승달 하나 띄워 보내요

그 말이 나를 물들였다

그 말이 나를 물들였다

타임머신을 타고 온 추억을 소환하는 말
껌도 귀하던 태초의 시절이라
아무도 모르는 처마 밑은 나만의 비밀 곳간
물관 속 깊은 곳을 들여다보면
꽃이 와 앉고 잎이 솟고, 솟고…
하얀 명주실 같은 빛으로 이어지는
나만의 창세기 오롯이 남아있지
이슬 젖은 풀잎이 종아리를 간질이는 남새밭으로
목화송이 뭉게구름처럼 피어나던 목화밭으로
할머니의 치마꼬리에 그림자처럼 찰싹 붙어
바늘에 실 가듯 우린 늘 함께였지
별이며 달이며 백번도 더 들었을 우렁각시 얘기며
대숲 아래 얼기설기 황토측간 으스스한 행차 때마다
뿔 돋은 도깨비들도 옴짝달싹 숨죽이던

나의 수호천사, 나의 팬fan 있었지

"넌 할머니의 껌딱지였어"
그 어떤 말보다 아름다운 이 한 마디
이즈음 나, 그 말에 물들고 있다

아찔한 비행飛行

오, 바람 속 꽃송이야

이제 막 알집에서 깨어난
노란 부리의 하늘 아래 첫 날갯짓
'날 거야, 나도 날 거야
하늘 높이 날아서 별들을 안고 싶어'
봄 햇살 간지럼에 허물을 벗고
숨결로, 몸짓의 바람으로
허공에 길을 내는 저 아찔한 비행飛行,
아슬아슬
설익은 어릿광대의 외줄 타기에
지켜보던 우주가 들숨으로 멈춘다

게 물렀거라
돌쟁이 아기 한 분 납신다

그리움의 생태에 관한 보고서

늘 쓰다듬어주고 싶은 것이다

먼 곳에 있어야 비로소 보이는 것이다

멀면 멀수록 더 또렷하게 보이는 것이다

떨어져 있을수록 함께하는 것이다

어두워질수록 환하게 보이는 것이다

눈앞에 잡힐 듯 뭉클 떠오르지만 잡히지 않는 것이다

가던 걸음 멈추고, 그 자리에 문득 서 있는 것이다

다음날도, 그다음 날도, 그 자리에 서 있는 것이다

꽃은 이울었는데 뿌리가 꿈쩍도 하지 않는 것이다

밀어내도 빠르게 들어오는 회전문 같은 것이다

목에 걸린 생선 가시 같은 것이다

가시 찔린 손끝에서 핏방울이 돋듯, 선명한 것이다

지우면 지울수록 선명해지는 것이다

돌 속에 새겨진 화문花紋 같은 것이다

사라진 시간의 눈꺼풀을 가만가만 쓸어내리는 것이다

꺼도, 꺼도 다시 환해지는 것이다

꽃의 정치

옛말, 꽃싸움 이길 자 없다 했으니
불, 질러놓고 보는 거야

햇살도 끌어모아 마디마디 걸어놓고
벌 나비의 반응을 지켜보는 거야
비바람 안개 정국政局일땐 관망이 필요하지
실뿌리로 바닥을 움켜쥐며 버티는 거야

꽃이 핀다는 것만으로도
세상은 점점 나아지고 있다는 것이니
무욕한 꽃의 투쟁은 푸른 꿈이다
활짝 열린 꽃잎 속으로 온 산이 스며드니
열망하던 화합이다

능선을 에워싸며
절벽 끝으로 저를 밀어내는

진달래

저 발화發火

온 산을 불태우는 붉은 결기 뜨겁다

신 연애학개론

 사랑하는 것은 맘속에 간직하고 싶은 것, 아니 최소한 끼고 살아야 하는 것, 혀처럼, 반지처럼, 베개처럼… physical contact*은 필수지

 깊고 넉넉한 주머니의 옷은 연애를 위한 그녀의 기본 패션, 손안에 두고도 귀를 세우는 건 놓치고 싶지 않은 그녀의 꿈수, 언제든 어느 곳이든 돌쇠처럼 불쑥 얼굴을 내밀지
 발 빠른 생각들을 따라 혀 짧은 말들이 쏟아지고 환심을 사기 위해 눈부신 꽃다발을 한 아름씩 띄우기도 하지 핑크하트 문양을 퐁퐁 날리기도 하지 때론 과한 폴더인사로, 평평 쏟아지는 눈물방울로 감정이입을 시도하기도 하지
 마치 거룩한 풍경처럼, 연애의 동굴 속에 수십 개의 창을 띄워두고 스스로 갇히는 건 다반사
 "최신형 애인 공짜로 드려요" "다기능 애인을 싸게 드려요" "애인 상담 고객 사은품 드림"이라는 연애 정보회사 구호 앞에서 머뭇거리는 건 이미 권태기가 왔다는 증거, 그녀의 연

애는 수시로 가볍지, 쉽게 정리되고 다시 시작하는 관계가 요즈음 트렌드, 스마트한데다 유능하면 금상첨화니까 변심은 취향, 유효기간은 짧을수록, 불구하고 갤럭시S6는 아직 그녀의 애인, 연애질 없인 하루도 살 수 없지, 그러나 그녀 맘이 언제 변할지는 아무도 모르는 일이지

   이즈음 연애는 끝없는 반전의 반전이니까

* 신체적 접촉

연인

두 손을 꼭 맞잡고
그윽하게 들여다보며 눈을 맞춰요
이리저리 은밀히 쓰다듬어요
요모조모 돌려세워 보기도 하고
한 겹 한 겹 벗기며 설레는 가슴
눈이 짓무르도록 들여다보죠
모퉁이에서 기다리며 서성이다가도
한눈에 반해 단도직입으로 몰입을 해요
설핏 훔쳐보며 딴전도 피우는가 하면
갸웃거리다 빈손으로 훌쩍 떠나버려요
남의 시선 따윈 아랑곳없이
이미 푹 빠져 삼매경에 들기도 해요
데면데면 눈빛이 잠시 흔들리기도 해요

책의 숲, 광화문 교보문고에서
시골뜨기인 나는

망설이다 해가 지는 나는

그냥 멀리서 바라만 보아도 좋았어요

헛간의 습관

문 없는 문은 너의 기꺼운 소통방식

구멍 숭숭 뚫린 흙담 사이로

참새며 멧새며, 새앙쥐도 강아지도 염소도 송아지도…

무시로 들락날락하던 곳

거미줄이 꽃처럼 피어나

적멸에 든 가구들이 풍장을 치르던 곳

고단한 농기구들이 앉아 숨을 돌리던 곳

케케묵은 소품들이 색인 번호를 달고 호명을 기다리던 곳

사철나무 저녁 아래

지친 날개의 새들이 돌아오면

어미의 온기로 기꺼이 네 품을 내어주었지

하얀 박꽃들 아름아름 피어나는 가을이면

칠흑 밤은 너의 빛나는 성좌였음을,

조롱박이 꿈을 키우던 초가지붕 위 달빛정원은

내가 알고 있는 네 생애 가장 화려한 날들이었어
별빛과 바람과 나의 염원이 너의 연애를 거들었지

나직하게 비밀 하나를 더 이야기하자면
몽당비가 도깨비로 둔갑한다는 그믐밤엔
네 머리털 끝이 하늘로 날아올랐다는 걸
어린 나도 이미 알고 있었지

내 어릴 적 옛집에 헛간 있었지

흰 보라 제비꽃
— 故 심달연* 할머니를 기리며

한 무리의 군인들이 훑고 갔네
…일곱 여덟 아홉 열, 스물…
입에서 코에서 밑에서, 온몸의 구멍에서
피가 쏟아질 때까지…
불 맞은 짐승의 입속 같은 위안소
까무룩, 하늘이 찢기며 지옥을 보았네

발가벗겨진 무명 치마 그 애 나이 열세 살

흰 보라 제비꽃 솜털 말간 귀
봄 들녘에 피어난 풀꽃 같은 소녀였네
흙살 속에 오롯이 흰 뿌리 드리우던
달래 냉이 씀바귀 민들레 쑥부쟁이…
숨을 멈춘 듯 처연하게 쓸려 눕고
짓밟힌 여린 꽃잎 붉은 핏물 쏟았네

요절을 부추기는 바람의 손을 보았네

이름은 달연,

죽음보다 깊은 그 애 나이 열세 살

* 1927년 7월 5일 경북 칠곡군에서 태어나 1940년 13살의 나이로 일본군 위안부로 끌려가 고초를 겪으신 할머니, 2010년에 별세하셨다.

봄 산

새 연애를 기다리듯

오늘도 설레는 마음으로 길 나섭니다

날마다 새로운 식단으로 채워주시는 분

이즈음 내가 좋아하는 생강나무꽃으로

꽃밥 지어놓고 기다리시더니

오늘은 쑥 향기 가득한 아침을 준비하셨네요

아기새 연둣빛 옹알이가 넝쿨째 번져와

말 배우는 아이처럼 입속이 환해졌어요

모처럼 귀도 말갛게 틔었답니다

햇살 바른 곳에 오래오래 앉았다 가라시며

양지꽃 꽃다지 웃음으로 마중도 해주셨네요

서릿발 숭숭 뚫려 기울던 산비탈에

남산제비꽃 두엇 넌지시 피워두신 건

서두르지 말고 다니라는 웅숭깊은 당부셨지요

단비 땅을 적시어 흙내음 물큰하게 피어오르는

봄 산,

당신의 품속을 걷고 있습니다
내가 만난 따듯한 숨결들 모두
어머니였습니다

영글다

　허방을 때리며 톡, 떨어진
　손안의 상수리 열매 하나

　단단하다 매끄럽다 동그랗다 속깊다 매초롬하다 촘촘하다 알뜰하다 여물다 깻돌같다 오밀조밀하다 탱글탱글하다 또록또록하다

　영락없는 까까머리 그 애의 윤기 나는 갈색 이마다

　속이 꽉 찬, 찰진 살 내음, 남몰래 궁글린 시간, 곡선으로 가는 삶
　곰삭은 꽃샘바람과 염천의 구름과 장대비와 늦가을 햇볕 발 딛는 소리
　허공 한 줌까지 품은 뒤에야 비로소 거듭난

　상수리나무 사리

저 야무진 고요,

영글다

브런치 콘서트

간식 같아서

정석을 신뢰하는 나에겐 브런치는 가볍지

설익은 생각은 순간,

신선한 메뉴에 먼저 눈길 닿았지

제법 구미가 당기는

몽마르트 연인들 이야기는 초승달의 여백

아득히 흘러간 구름과 바람과 물의 꽃들과

상큼한 과일 칵테일 같은 뮤즈들 유적도 놓여있었지

피아노 선율로 담아낸 애틋한 삶들이

선술집에서나 있을 듯한 구수한 진행으로

노릇노릇 구워져 입맛을 돋웠지

나뭇잎 사이로 흘러내리는 가을 햇살 같은

오보에 가락에 눈이 아른아른 감기기도 했지

사랑이란 이름으로 간절히 써 내려간

'돌시네를 만난 돈키호테'의 아찔한 허세에

바람은 짙푸르게 데시벨을 높였지

거센 물살이 가슴께로 흐른 뒤

그 뜨거운 용암이 식어갈 즈음

바리톤 '10월의 어느 멋진 날'은

생크림 듬뿍 얹은 와플이었지

감칠맛 나는 오늘 브런치였지

오르가슴orgasm에 대한 고찰

세상 모든 햇빛을 끌어다 모으면

이렇게 밝아질 수 있나요

세상 모든 햇볕을 안아서 모으면

이렇게 뜨거워질 수 있나요

저녁노을 한데 묶으면

이처럼 붉어질 수 있을까요

온갖 날짐승들의 저 신바람이여

그리움의 샘이여

배부른 바람결들은 비단처럼 늘어져 잠들고

돌멩이도 꽃처럼 피어났어요

잔물결 가득 일으키는 나비들과

수천 마리 벌들의 날갯짓 소리

그 황홀한 소음에 빛은 다른 빛과 몸을 섞어요

그림자는 다른 그림자에 스며들어요

쏟아지는 빛들이 나뭇가지 허리를 감고 어룽거려요

누군가, 그 나무 아래 서 있는 나에게 춤추라고 외쳤어요

허공의 유혹 같은 붉은 파장들

달콤한 향기에 몸은 달뜨고

마음은 시간을 벗어나기 시작했어요

나비 날개처럼 가벼워지며 한순간 날아올라요

사람도 날짐승도 다 깃들어 사는

그 과수원 감나무

지난가을 불꽃처럼 달아올랐어요

내 마음도 환하게, 환하게 날아올랐어요

나무를 열람하다

푸른 도서관이었지

벚나무는 이미 지난봄의 베스트셀러,
입구의 꽃 이야기 신간도서 안내판은 이젠 무료하지

산다화 후덕나무 동백 등 고전에선 빛나는 행간들이,
상수리 굴참 신갈 졸참 갈참 떡갈 참나무家 얘기는
만연체라서 읽는 데는 다소 인내가 필요하지

문맥이 흐르지 않는 번역본처럼 친친 감긴 넝쿨들이며
사리를 안고 적멸에 든 소나무에선 맑은 종소리가
고서古書가 되어가는 전나무에선 묵은 종이 냄새가 나지

바람이 훌훌 넘겨주는 책장을 따라가면
몇 개의 벤치와 평상이 놓인 열람실을 만나지
피톤치드를 읽기 위해선 마음의 옷을 먼저 벗어야 해

가장 인기 있는 스토리의 편백나무는

무한 대출되는 실용 전문 서적

이 행간에선 어제를 되새김질하기보다

눈을 감고 마음을 끄면 넓고 푸른 초원이 펼쳐지지

먼 사바나 초원의 아침 이슬로 촉촉이 적실 수도 있지

나무들의 이야기 풍성한 오월 숲속이었지

새벽에 관한 기억

뒤란 대숲 푸른 기척에
차 한 잔 밝혀놓고 귀 세워 보는 새벽이면

어둠을 밝히시던 어머니 환한 미소가 생각나
풀잎 위 이슬 같던 어머니 맑은 눈빛이 생각나
소반에 하루를 담으시던 어머니 젖은 손이 생각나

대숲 건너는 바람 소리 시린 날에도
왜 이른 새벽 샘물을 길으셨는지
왜 새벽 별을 한참씩이나 바라보곤 하셨는지
이슬 젖은 치맛자락으로 나를 감싸 안으셨는지도
나, 이제야 조금은 알 것 같아

내게 모두 별이 되어 박혀있는
그 새벽의 어머니

3부
정오의 한담

어떤 심심풀이

빈 하늘 바라보다 한잔하고

꽃이 피고 지는 사이사이 한잔하고

시 한 편 낭송하다 솔깃한 그리움에 한잔하고

산길에서 주운 바알간 낙엽 두어 장 마주 보며 한잔하고

굳은 혀를 풀어볼까 이따금 한잔하고

상강 지나 마음 바빠진 겨울 어깨가 움츠러들어 한잔하고

스러지고 차오름이 내 마음 같은 달 보며 한잔하고

창문에 하나둘 불 켜지면 한잔하고

밤을 밝히는 빗소리도 불러서 한잔 기울고

우리 언제 한잔하자는 얘기에 마음으로 미리 한잔 나누고

이 남아도는 나를 어찌해야 할까,

탁자에 앉아 한잔 홀짝이며 적막해지다가

문득, 꽃들을 바라보며

안녕? 얘들아, 한잔할래?

'어깨너머로'라는 말

꽃잎이 새잎에 자리를 내어주듯이

나비 날개에 살짝 실리는 봄바람같이

풀들이 바람 따라 서로 부대끼듯이

산이 능선 위로 새 한 마리 넌지시 넘겨주듯이

슬며시 다가가 가만히 귀 기울이는 말

뒤에서 어슬렁거리다 조금씩 닮아가는 말

아무리 써도 빚이 되지 않는 깃털 같은 말

붙들지도 매달리지 않아도 글썽이는 말

마주치거나 뿌리내리지 않아도 되는 수다분한 말

머물다가 훌쩍 떠나도 아쉽지 않은 말

밀어내거나 서로에게 금 긋지 않는 말

그래서 참, 살갑고 고마운 말

'어깨너머로'

정오의 한담閑談

유리를 지나온 볕이 따듯한 정오

하나, 둘, 셋…스물셋, 풍로초 꽃봉오리

돌에도 스밀듯한 분홍빛 미소다

'행복'이라는 예명을 붙여준 그녀를 생각한다

발코니 제라늄은 머나먼 이국 아줌마들

카니발 축제 머리카락처럼 울긋불긋 부풀었다

심심한 손으로 책장 몇 장 넘기다

도라지 꽃밭보다 더 이쁜 하늘 바라보는데

"여우야, 여우야 뭐하니~"

유아원 놀이터에서 들려오는 아이들 동요에

나는 슬그머니, 엿보는 여우가 된다

지난봄 자목련이 흐드러졌던 그 뜰

가지 사이로 넘나들며 새 한 마리 신나게 놀고 있다

자목련은 왜 백목련보다 봄이 늦은 걸까

어디서 끈을 놓친 걸까 생각하는데

산마루 위 하늘에 구름 한 점 심심하게 흘러간다

'모든 좋은 날들은 흘러가는 것
잃어버린 주홍 머리핀처럼, 물러서는 저녁 바다처럼'
문득 김사인의 시詩 한 구절 떠오른다
벚나무 물든 잎 몇 장이 소슬바람 따라서 살랑거린다
또 한 계절이 붉게 스러지리

아침에 보낸 편지

너로 가득 찬 나는 늘 텅 빈 허공

베를린으로 이어진 우리의 무지개다리에서

깊은 밤 밀회처럼 속삭이고 싶었어

망설임 끝에 내민 내 손안엔

잠이 담뿍 묻은 너의 아침이 뭉클, 잡혔지

그리운 내 기다림의 나무

일찍이 네가 나의 어린뿌리였을 때

너를 감싸기엔 난 너무나 작고 미약했었지

풀잎 위에 맺힌 이슬 같던 네가

이렇듯 영롱한 한 방울의 은유로 태어나기까지

얼마나 힘들고 외로웠을까

그래, 지구 한 모퉁이 낯선 땅 그곳에

더 깊고 더 넓게 뿌리를 내리려무나

막 갈구어진 연한 흙으로 보듬어줄 테니

한 줄기 맑은 물 되어 네 지친 발등 다독여줄 테니

혹독한 겨울을 견디고 일어서는 초록들처럼

딸아,

푸르게 일어서거라

봄의 환幻
— 손녀 다녀가다

봄이 온다는 소식에

꽃 분 하나로 마중물 했더니

나비 날개를 신고 내게로 오다니!

꽃의 눈빛과 마주쳤을까

꽃의 목소리 들었을까

꽃의 미소를 보았을까

종종거리며 시간을 벗어나기 시작했어

오명가명 꽃 볼에 가만가만 안기며

연둣빛 맑은 추임새를 꽁냥꽁냥 넣었어

귓바퀴를 타고 흐르는 미풍의 날갯짓

햇살 톡톡 터뜨리는 달콤한 수작에

손바닥 가득 별들이 만져지는 경이로운 날이었지

봄의 그물에 걸린 사흘 동안

하늘은 코발트블루, 찬란이었어

몸속에 갇힌 만년의 얼음 녹아내렸지

그런데, 반짝이던 그 햇살은 어디에 있지?
꽃들은?
나비 날개는 어디로 갔지?

그리하여 지금, 나는
봄을 앓고 있는 사람

돌탑 한 송이

바윗돌 가슴을 주추 삼아
돌멩이 하나둘 모여들더니
돋을새김 성채 하나 올리고 있는 거라
세상은 반듯한 것들만 모여 사는 게 아니어서
모나고 둥근 것들이 서로 어울리느라
몇 번의 흔들림에 중심을 잃기도 하였던 거라
비바람에 날개 꺾여 주춤거리길 거듭한 거라
개울가에 봉긋, 단단한 꽃으로 피어난 거라
돌 위에 돌 하나
마음과 마음을 모으는 거라
꽃씨를 심듯이 돌멩이 하나 처음 앉힌
누군가의 기도를 생각하는 거라
골짜기 돌고 돌아 탑돌이 나선 개울물 소리에
귀를 헹구는 거라
한 생애가 다른 생애의 어깨를 걸고
적멸보궁 한 채 피워낸 거라

모은 두 손처럼 간절한

모란꽃 정도의 실루엣으로 흔들리는

꽃 한 송이 마주하는 거라

소문

별의 씨앗으로 돋아난 꽃이 있다기에
동쪽으로 가는 길

밤하늘에 흐르는 은하 물결이라고?
아니, 새벽 이슬방울 털어 헹궈낸 눈빛
그리움의 속살이라고?

아니, 수줍은 소녀들 제 짝꿍과 피워내는
숨겨둔 이야기꽃이라고?

아니, 원삼 족두리에 도투락댕기 비녀 꽂고
꽃가마 타고 시집가던 언니의 볼이라고?

아니, 진분홍 속내로 마음을 스윽 베고 들어와
사랑의 나이테 하나 늘려주는 꽃이라고?

아니, 분분한 꽃잎 바람에 날리며
하늘과 땅을 넘나드는 시간의 빛이라고?

아니, 하늬바람 잠재우며
산기슭 개울가에 소리 없이 오는 고운님이라고?

오호~ 개복숭아꽃이라고!

길

들꽃이 은은하게 문을 열어 주는

나는 작은 오솔길을 좋아한다

사람 사는 얘기 봄 길 되어 들려오는

돌담 끼고 도는 골목길을 사랑한다

조금은 아찔하고 아슬아슬하기도 하지만

비탈에 납작 엎드린 구불구불한 길도 좋다

찔레꽃 흐드러지던 길

바람꽃도 너울대던 길

종아리에 볼록 핏줄 돋게 하던 오르막길은

삶의 애환이 담겨있어 정겹다

넓고 반듯한 길을 걸어온 사람보다

구불구불한 길을 걸어온 사람의 노을이 더 곱고 화려하다

지금 내 속에 나를 이루고 있는 것들이

조금이라도 따스하다면

내가 걸어온 구부러진 길들 때문이리라

길이 제 길을 지우며 저물어 끝을 알 수 없었던

한 시절이 내게도 있었지만

끝났다고 생각한 곳에서 길은 다시 시작 되었다

길은 풍경을 바꾸며 내게로 왔다

나비 폭풍

한 꽃송이 떴어요

밤새 낙엽 되어 바스락거려도
새순 같은 아기 영상에 주파수를 맞추면
하루의 시작은 깃털처럼 가볍죠
저기, 저 감칠 햇빛
숨어서 핀 꽃이라도 만난 듯 햇살 눈도 반짝여요
이른 아침 아직 덜 깬 내 야후 속으로
봄 햇살 간지럼에 허물 벗고 날아온
저 작은 날갯짓
둑을 넘는 물소리 노랫소리
하루의 치마가 살랑거려요
이토록 눈부신 꽃들이 활짝 핀 날 없었다고
이토록 밝은 해가 떠오른 적 없었다고
하루의 풍경風磬이 쉼 없이 댕그랑거려요
그 분홍 꽃편의 아기 영상 때문에

때때로 사소한 것은 사소하지 않아요

나비 폭풍처럼요

색동 꽃무늬

채송화처럼 나, 조그마했을 땐
온 가족이 두 손 모아 봄을 영접했어요
대문 부엌문 들보에도 입춘축立春祝을 내걸었죠

묵은 때 부신 장독대는 활짝 필 준비를 하고
항아리 위 정화수엔 어머니의 기도문 글썽였어요
겨우내 잠들었던 입맛을 불러내느라
소쿠리 안엔 언 땅을 뚫고 나온 쪽파 달래 부추가,
아랫목에서는 노란 콩나물이 고갤 내밀었어요
발그레 언 발의 병아리들이 햇살을 쪼던 마당엔
팔랑거리며 선뜻 착지하지 못하는 눈발이,
쥐불놀이하는 아이들 함성 아련히 들리는
들녘 저 멀리
햇살과 바람 비의 지문을 온몸에 두르고
솜털 말간 맨발의 어린 봄이 걸어오고 있었지요

벼루에 먹을 갈던 봄 아이와

의관을 정제하신 할아버지와 지필묵紙筆墨이

색동 꽃무늬로 내려앉는 입춘 저녁입니다

새날

시간의 곳간을 열면

가끔 그 말 생각이 난다

어려서 아프거나 다쳤을 때 들었던 그 말

다시 듣고 싶은 그 말

자고 나면 괜찮아질 거야

내일은 씻은 듯이 다 나을 거야

자고 나면, 자고 나면…

주머니 속에는 밤이 차곡차곡 쌓여 갔다

눈이 총총한 별들이 내 눈을 감기며 소곤거렸다

얼른 자, 얼른 자

문득 돌아보면

한 잎의 봄을 가슴에 품고

잎과 잎 사이

올과 올 사이로 반짝이던 아침의 말

다독다독 한 페이지 넘어가던 그 말

따뜻한 온기로 남아있는 그 말

그립다

그래요, 어머니
자고 나면 모두 다 괜찮아질 거예요
다시 새날이 오면…

동화책 시절

이윽고 흘러갔어도
초원의 별자리들은 아직도 그 자리에
키 낮은 정담들 여전히 살갑지

오래전 기억의 풍경 앞에 선 그녀
종달이 지빠귀 씀바귀 민들레 강아지풀…
재잘거리는 소리 들렸지

돌아보면 제비꽃 같은 길 하나 따라오던 시절
동무들이 퇴비를 메고 학교에 오던 시절
청개구리가 도시락 속에 숨어있던 시절
배고픈 햇살이 고드름을 뚝뚝 베어먹던 시절

깊이 묻어두었던 씨알들이 싹을 틔운 건
온몸에 초록 물감이 들기 시작했기 때문이지
가슴에 첫눈이 내리고 있었다는 증거지

설렘으로 붉어졌다는 말이지

스물 즈음의

첫 제자들 만나는 날이었지

여름이라는 우화寓話

우린 꽃과 나비였다

별들이 자지러졌다는 풍문이 있기까지

지난봄 펄떡펄떡 숨을 쉬던 아가미였다

한때의 절창을 건네주던

오가는 눈빛 한 아름 보듬던 자리, 썰렁

발코니 어린 것들의 싹이 노랗다

드러난 쇄골에선 곰삭은 진흙 냄새가

어느새 키도 몸무게도 눈에 띄게 줄었다

물집을 비켜가지 못한 짓무른 피부와

곧고 도도하던 목은 기울어지고

그 어떤 부름에도 그저 침묵일 뿐

속수무책이다

자글거리는 햇살 총을 맞은

소행성 B612 어린왕자가 돌보던 장미도 밤새 떠났다

'맨발로 사막을 건너는 여름'이라는 제목의

낡은 소묘 한 점이

뜰의 지열을 힘겹게 붙잡고 있다

지금은 동토의 시간

역병이 돌고 있다

발자국소리 점점 가까이 들린다

시시때때로 날아오는

결빙의 문자들이 송곳니처럼 단단하다

창을 열면 적이 나타난다고

서둘러 귀가하라고

최고의 품격은 소통하지 않는 거라고

거리를 두는 게 최상의 미덕이라고

세상으로 가는 모든 길은 끊기고

문을 닫아걸고 귀를 막는다

사람들은 곳곳에 벽을 일으키고

그 절벽마다 힘을 주어 경을 새기는가 하면

마늘과 십자가 훈수로 견고한 성을 쌓는다

새장 안에는 날개 없는 새들이

노을이 그려주는 서녘 하늘 소식에도

무심히 커튼을 내리는 창문

지금은 동토의 시간

자라지 않는 이야기 계절이다

시 읽는 아침

키를 낮추고 걸으면

그곳엔 시집 한 권 펼쳐져요

풀잎 위에 맺힌 이슬방울의 반짝이는 생각이며

'천 리 길도 두려움 없어요'

민달팽이 해탈의 걸음걸이며

언덕 위엔 쪼르르 마중 나온 애기나리꽃들이,

푸른빛으로 하루를 여는

무당벌레 유난스런 날갯짓 너스레며

풋내 나는 아기새 옹알이며

더도 덜도 아니, 한 치도 다름없는

연초록 일념으로 아침을 여는 자벌레의 보폭이며

메꽃이 생각을 고요로 쏟아 놓는 길섶과

작은 것들을 품어주는 솔솔 나무들 푸른 가슴이며…

아침에 만나는 낮은 자리 기척들

무릎 접으면 읽을 수 있어요

es
4부
제라늄에 살랑거리다

아기 분홍찔레꽃

옹알이 터질 듯 말 듯
바알간 햇몸의 오므린 두 주먹
행여 다칠까
바람은 고요의 바운스 바운스
가만가만 볼 부비는 햇살을 좀 봐

바람개비꽃*으로 모빌을 만들어 주랴
카나리아 목소리로 자장가를 불러 주랴
인동초 꽃향기로 금줄을 둘러 주랴

올봄에 태어난
볼 고운 울 아가

* 다른 이름의 마삭줄이다.

詩알

남몰래
사리 몇 과로 생을 간추린
토란土卵

도포 자락 한들한들
말간 이슬이나 굴리며 사는
한량인 줄 알았지

잎을 지우고 줄기를 털어낸
씨알,
詩알

알몸으로 보시한
저문 식탁 환하다

스물 즈음의 녹턴nocturne

막이 오르자

흰나비 미등 사이로 짧은 치맛자락 나풀거리는

긴 머리 소녀를 꿈처럼 지켜보았네

그리운 사람끼리, 세월이 가면, 모닥불, 끝이 없는 길* 위에서

다시 만난 스물 즈음의 녹턴

오늘 밤 그대의 입김 위에 내 발걸음 내려놓겠네

고요히 눈감기 시작하는 저녁 하늘로

쓸쓸히 날아가는 하모니카 소리

앵두가 익어가고 샘물이 솟고 풀밭이 수런대고…

아스라이 풍금 소리 들리는 언덕 너머로

돌아온다는 기약도 없이

어린 눈발이 작은 시내를 따라 봄 바다로 가고 있었지

그곳, 빛나던 우리들의 푸른 별자리

꽃향기와 작은 꿈들과 그리움의 모서리들이

세월의 긴 그림자 아픈 선율들이

가슴을 뚫고 들어와 하염없이 흘러내렸어

은가루 바람 긴 머리채 휘날리며
홀연히 사라지는 너
무대 위엔 인조 눈발이 몇 송이 흩날리고…

* 가수 박인희 노래 제목.

제라늄에 살랑거리다

그녀는 한없이 열리는 문이다
날이 날마다
아이 많이 만드는 이웃집 여자처럼
치마폭을 들춘다
철없이
출렁, 허리가 휘도록
그녀는 고즈넉이 아이들을 낳는다
보푸라기 이는 숨을 쉬며
온종일 자릉자릉 종을 울린다
무심무심 불어오는 바람에도
그녀 붉은빛 색깔 붉은빛 향기의
끊임없는 파장들, 우주가 뜨겁다
언젠가 나도 꽃을 피우던 시절 있었다
내 품에 머리를 기대오는 제라늄꽃처럼
볼이 곱고 환한 아이나 몇 더 낳아 둘걸
그녀 밝은 빛의 현들

햇빛 속에서 살랑거린다

그 살랑거림 속에서, 나도

살랑거린다

이름을 부르는 일

우수 경칩 춘분 지나도록

입 꼭 다물고 잠들었더니

봄볕이 종일 두드려도 인기척도 없더니

"명자야, 아침이야"

한 마디 던졌을 뿐인데

소식 없던 명자나무 가지 위에 환한 얼굴

첫사랑이 오듯 오늘 명자나무꽃 피었다

담 너머로 불렀던 소꿉놀이 내 친구 같아

"명자야, 명자야"

자꾸만 부르고 싶은 이름

냉이 꽃다지 씀바귀 민들레 제비꽃…

일곱 살 적 골목의 이름들을 소환하고 싶다

저렇듯 풍뎅이라든지 하늘소라든지 딱정벌레 쇠똥구리…

순이 덕자 또남이 말엽이 딸금이…

그리워 부르고 싶은 너의 이름이었다

네가 햇살보다 먼저 찾아와

창문 앞에서 나를 불러 아침을 안겨주었듯

나는 정겨운 네 이름을 부른다

그리움을 표절하다

겨울 햇살 같은 짧은 시 한 줄을 표절할래

심심해 건들대는 저 바람을

살랑거리는 제라늄 붉은 입술을

고요에서 고요로 피고 지는 장미 한 송이를

해 질 무렵 그레고리안 성가를 표절할래

여울물 속에 잠겨있는 징검돌 무릎뼈를

그림자 지워지도록 어머니를 기다렸던 길모퉁이를

시렁에 매달린 메주가 큼큼하게 익어가던 그 겨울밤을

노란 싹을 내밀며 봄을 기다리던 토굴 속 가을무와

옛집 뜰 국화꽃 그늘을 빌어 살다간 가을을 표절할래

어느 산기슭에서 홀로 흔들리고 있을 풀꽃들의 밤과

옥수수 밭고랑을 쏜살같이 내달리는 장끼의 뒷모습을

첫 나뭇가지처럼 허공 속에 길을 여는 미래라는 단어를

암벽을 기어오르는 어린 단풍의 피 멍든 손을

적멸寂滅을 꿈꾸는 씨앗들의 침묵을

한가한 휴일 오후 다디단 게으름을 표절할래

그대도 나도 아무도 모르게

세상 그리움을 모두모두 표절하며 살래

달 저편

옛집이 꿈길에 환하게 열렸다

마치 엊그제 일처럼 생생하다

장독대 모퉁이 작은 뜰엔 노란 소국이

멍석 위엔 다복다복 알곡들이

툇마루엔 누런 호박들이 줄지어 앉아있었다

빨갛게 매운 세월 보낸 고추들도

햇살 당기며 멍석 가득 누워 있었다

고운 어머니 목소리 어렴풋이 들으며

대숲 아래 뜰에서 떨어진 알밤도 주웠다

적막이 차곡차곡 익어가는 초가을 깊은 밤

먼 옛날을 걸어 나와

홀로 가슴 뛰는 소리를 듣는다

여울물 위에 뜬 꽃잎 같은 예닐곱 살이

달 저편에서 말을 건넨다

다시는 잡을 수 없어 더욱 그리운 손

나의 꽃자리

미명未明이 가까워지도록 그 언저리 떠올려보지만

여기 빈자리가 오롯이 내 뜰이다

추석 무렵이다

햇살 담긴 말

문득 던지는 말
던지는 곳이 어디인지 모르므로
기약할 수 없는 말

그곳은 달의 서쪽 바람의 동쪽
산을 넘고 강을 건너야만 하기에
마음만 따라가는 말

막이 내린 뒤에도
저물어가는 하늘빛 속으로 보내는 기도
넌지시 기대어 보고 싶은 말

우리는 숱한 내일을 가슴에 품는다
품고만 산다
너무 늦게 오거나 아예 오지 않아도…

'언젠가는…'

반짝, 햇살 담겨있다

가을볕, 옹글다

하늘 흐리고 차가운 비 내리는

베르린은 이른 겨울의 시작이에요

감기로 신열을 치르고 나니

엄마 품 같은

그곳의 따듯한 가을볕이 그리워져요

12월에 온다는 너를 기다리며

등이 따뜻한 창가에 앉아 겨울맞이 차를 만든다

한나절 볕 호흡에도

생강 절편 날아갈 듯 가뿐하다

안방으로 거실로 내 발등 위로도

네게로 향하는 내 맘처럼

가을볕이 옹글게 스타카토 꽃불을 쏟아내고 있다

창밖으로 보이는 공원 숲에도

나뭇잎들 쩡쩡 물드는 소리 들린다

어서 오너라

네게 안길 옹근 가을볕 한 아름

옹골지게 품는 중이란다

눈길 닿다

문득
나는 한 움막 앞에 서 있는 것이다

허공을 짓누르는 저 탱탱한 촉수
칡넝쿨에 정수리와 명치끝을 내어준
계곡 아래 엎드린 나무의 사색思索이 붉다
울음이 축축한 처마 밑으로
아침볕은 문턱에서 술렁이다 돌아가고
꽃잎마다 붉게 새겨 놓았던 자리
누런 열매 몇이 절망을 익히고 있다

한때 복사꽃 환했던 이 나무
그때의 꽃들은 한 떼의 진한 울음이었나
빛 밝은 오늘은
나무의 울음그늘 유난히 짙어
온몸의 구덩이로 떨어지는 눈물 받는 내가

손톱 앓는 햇살이 된다

어린 짐승의 슬픈 눈빛 같은

그녀의 연보年譜를 물끄러미 바라보는 동안

나는 별자리처럼 관절이 꺾이고

온몸이 옹송그려졌다

말의 사리舍利

흰 두루미

훨훨

하늘 문 열리던 그 날

혼신 힘을 다해 내게 건네주던

풀잎 위에 글썽이는

이슬 같은 말

"내 예쁜 사람아"

억겁의 세월 흘러도 지워지지 않을

적멸의 새벽에 피워낸

둥근 말의 사리舍利

그 말, 품 안에서

오늘도 애틋하게 다시 피어나는,

그와 나

봄, 피다

맥박이 뛰기 시작하자

참지 못하고

꽃씨가 속닥속닥 꽃말을 터뜨렸어

토독토독,

어두운 겨울 골목을 지나

환한 새벽으로 가는 발소리는 또 얼마나 반가운 기별인지,

젖니 돋는 아기 잇몸처럼 근질근질해 몸을 뒤척였는지도 몰라

봄의 아랫목에서

몸속의 경經이 된 냉증을 풀어내니

귀가 환하게 열리는 푸른 눈썹의 소리

유리문 너머 붉은 시클라멘이 피어나기 시작했어

오늘의 레시피는

냉동 가래떡 셋 분량만큼 오븐 채널을 고정하고

겉은 바삭하고 속은 말랑하게

시 한 편 구워내기

그대가 써 내려간 봄 안에 나 기꺼이 갇히겠네

허공이 되다
— 길상사에서

향기도 빛깔도 이제 거두고

땅 밑을 흐르는 바람 매만져 주고 있을 자야*

두고 간 발자국마다

다독다독 다독이는 염불 소리는

뜰 안을 고즈넉이 재우는데

저마다 건너지 못할 강물 하나씩 품고서

기도를 굴리며 걷는 사람들

계곡을 쓰다듬고 온 바람만 구음口音처럼

슬픈 방언을 나직하게 쏟아냅니다

천 년 전쯤 만나 천만번쯤 사랑한 연인

그대보다 멀리 있는 그대의 그리움도

속이 까맣게 타버린 비바람 눈보라도 이젠 고요합니다

다만 그녀가 밀어 올린 꽃줄기 끝에서

능소화 붉디붉은 꽃망울이

툭, 툭, 꽃받침째 떨어져 내립니다

꽃 지며 피 멎은 그 자리엔

바람 소리, 바람의 소리, 또 바람의 소리

구름이 흘러갑니다

나도 흘러갑니다

* 본명 김영한, 대원각(현재 길상사)을 법정스님에게 시주하면서 "1000억 재산은 그사람(백석) 시 한 줄만 못해"라는 일화를 남겼다고 함.

저 꽃잎의 환幻을 넘어야만 한다

언제 그 문을 열고 나올지 몰라
기다리며 서성이며 마음 졸였지

눈부신 절창의 그 짧은 한 호흡
돌아눕다 설핏 잠들었을 뿐인데
가던 길 잠시 머뭇거렸을 뿐인데
분분한 꽃잎들
흩어진 시의 활자들로 뜰은 난전이었어

그대가 꽃 피우고 지는 일이
처음부터 내 일이었다는 듯
먹먹한 가슴 빈자리마다 적막으로 환했어

허공을 향해 순결한 사랑을 밀어 올리고
가장 눈부신 순간에 소멸한 저 꽃잎은 누구일까,
올봄도 나는

저 꽃잎의 환幻을 넘어야만 한다

목련꽃 진 자리

사랑이 떠나간 가슴이라고 쓴다

꽃 멀미

그때 잠시 바람이 술렁이고
햇살들이 피라미 떼처럼 꼬리치며
와글와글 놀고 있었다
목울대 높이며 진을 치는 벌떼들로
산기슭 허리가 순간, 휘청거리며 흔들린다
초록 잎 사이사이 외줄에 매달린
새하얀 꽃들의 얼굴 창백하다

꽃으로 오기 전 너는 무엇이었나
눈빛 하나로도 누군가를 혼절시킨다는
때죽나무의 전설 같은 사랑 이야기
사랑이 한때 위험했다면
지나온 모든 안부가 궁금했을 터
나, 아무런 의심도 없이
아릿하게 취한 한 마리 작은 물고기로
네 발아래 그리움의 지문을 찍는다

내 안에서 나를 흔드는 이여

서둘러 나는 저 문장을 다 읽어야 한다

바람이 저 희디흰 꽃잎을 베어 물고

땅으로 뛰어내리기 전에

해설

※ 해설

세상의 맑은 은유로 가는 고요의 화법

신병은 (시인)

박효숙의 상상력은 참 정직하고 착하다.

시가 고플 땐 그의 상상력을 만나면 안쪽이 그냥 고요해지고 맑아진다.

잇몸 환하게 보이는 계산되지 않은 동심이 밑자리 하고 있어 잃어버린 삶의 풍경에 대한 그리움을 만나고, 잃어버린 처음의 모습으로 돌아가는 길을 만난다.

세상의 맑은 은유로 가는 고요한 화법이다.

그래서 그의 동심에 슬며시 손을 담그면 가만히 맑게 번져오는 것이다.

시간이면서 공간인 그의 응시는 연상과 유추를 자유롭게 넘나들면서 안부를 묻는다.

안녕 벚꽃, 안녕 제비꽃, 안녕 여뀌, 안녕 개불알꽃, 안녕 봄, 안녕 그리움, 안녕 아홉 살….

눈웃음으로 세상을 다독이는 둥근 안부다.

— 박효숙, 『한 끼 구문론』 표사 전문

박효숙의 두 번째 시집 『한 끼 구문론』에 적은 필자의 표사

다. 그의 시를 만나면 어린 왕자의 맑은 화법이 얼비치는 까닭도 시 편 편마다 밑자리하고 있는 동심 때문이다.

어떻게 세계와 만나는지, 창조적 안목은 어떤지, 어떤 모습으로 세상과 삶을 펼쳐 가는지, 어떻게 하면 삶의 흐뭇한 위로가 될 수 있는지를 궁구하는 시적 상상력의 DNA가 닮아있기 때문이다.

그리고 사물을 바라볼 때 겉모습이 아닌 본질을 바라보는 눈과, 의미를 부여하는 것과 부여하지 않는 것의 차이를 들여다보는 통찰과 늘 그렇다고 믿어버리는 고정적인 해묵은 관념을 해체하고 새로운 상상력으로 안내하는 눈빛 초롱초롱한 호기심 때문이다.

오, 바람 속 꽃송이야

이제 막 알집에서 깨어난
노란 부리의 하늘 아래 첫 날갯짓
'날 거야, 나도 날 거야
하늘 높이 날아서 별들을 안고 싶어'
봄 햇살 간지럼에 허물을 벗고
숨결로, 몸짓의 바람으로
허공에 길을 내는 저 아찔한 비행飛行,
아슬아슬
설익은 어릿광대의 외줄 타기에

지켜보던 우주가 들숨으로 멈춘다

게 물렀거라
돌쟁이 아기 한 분 납신다
　　—「아찔한 비행飛行」 전문

　돌쟁이 시인이 해맑은 동심으로 바라보는 삶의 풍경화에는 동심적 상상력과 식물성 상상력이 밑자리 한다. 어린이는 스스로 삶의 동력 그 자체이며 무한긍정의 상태며, 한번 묻기 시작하면 끝까지 묻는 호기심의 전부다. 어린이는 덜된 어른이 아니고, 어린이로서 독립적이며 완전한 존재이면서 인간이 도달해야 할 가장 높은 자리다. 내 안에 어린이의 마음을 갖지 않으면 죽음을 향해 가고, 사회가 어린이를 존중하지 않으면 사회가 무덤이 된다고 한다.

　인간에서 동심이 사라지면 삭막해지는 까닭이다.

　박효숙의 시는 한결같이 "이제 막 알집에서 깨어난 노란 부리의 하늘 아래 첫 날갯짓"이다.

　그래서 스스로 경이롭다.

　그는 꽃이 피는 것에 감탄하고, 바람 불고 비 오는 것에 감탄하고 별빛 달빛에도 감탄한다. 그에게 삶은 관념이 아니라 실체이며 사건으로 자리하고, 그 사건이 한편 한편의 시로 거듭난다. 그래서 그의 시속에는 관념은 없고 존재는 있다. 봄은 없고 새싹이 돋는 사건만 있다. 봄은 관념이고 새싹이 돋는 것은 존재다. 그는 봄을 말하지 않고 돋아나는 새싹을 말한다.

그래서 늘 생명의 경이로움에 긴장한다. 그러면서 시를 통해 안에 있는 또 다른 자신을 확인해 간다.

> 저 꽃밭에 스미는 바람으로
> 사랑을 했으면…
>
> 꽃 속에 머무는 햇살들로
> 가슴을 빚었으면…
>
> 꽃보다 영혼이 승화한 나비였으면…
>
> 시의 길모퉁이
> 나, 여기서
> 그림자 지워지도록 서성일 줄이야
> ―「시인의 말」 전문

좋은 시는 세계에 대한 표피적인 이해가 아닌 보다 근원적이고 본질적인 이해가 안겨있다. 꽃밭의 본질은 꽃보다는 바람이고 햇살이고 나비다. 꽃은 혼자서 꽃이 아니고 한 송이 꽃은 한 송이가 아니라 바람의 꽃, 햇살의 꽃, 나비의 꽃, 밤의 꽃으로 피어 사랑을 하고 싶어 한다. 그러기 위해서 그는 습관처럼 늘 시의 길모퉁이를 서성이게 된다.

'서성이다'는 말은 '자주 그 주위를 왔다갔다 하다'라는 뜻으로 박효숙의 시적 태도와 정신을 그대로 함축하고 있다. 그의 시적 태도는 일상 속에서 그냥 지나치지 않고 관점을 달리해서 바라보는 통찰의 습관과 가슴으로 만나려는 정서적 화법에 있다.

아침 산책에서 키를 낮춰 걸으면서 길 위에 펼쳐진 시집을 읽는 것도 그렇다, 즉 민달팽이 해탈의 걸음걸이도 만나고, 마중 나온 애기나리꽃들, 무당벌레 날갯짓 너스레며 자벌레의 보폭을 읽는 것도 '서성이다'는 의미 속에 함축된다.

정서적 화법은 겉모습을 보는 화법이 아니라 속을 들여다보는 진정성 있는 통찰의 화법이다.

정서적 화법으로 노을을 훔치고, 아홉 살의 조팝꽃을 만나고, 나무를 열람하고, 살랑거리는 제라늄을 만난다. 시인이 쓴 시 「연인」에서도 그윽하게 들여다보고 훔쳐보고 은밀히 쓰다듬고 설레는 가슴으로 그냥 멀리서 바라만 보는 은근한 눈길에 시인이 얼마나 망설이고 서성이는지는 눈치챌 수 있다.

그의 시는 '서성이다'의 또 다른 자리의 기척을 무릎 접어 읽는 다른 화법이다.

나무가 새순을 틔우고 있다
속살이 단단한 겉살을 밀어내는 중이다
힘이 장사다

나무 아래서 나무의 속살을 읽는다 뽀얗다 비릿하다 부드
럽다 선善하다 볼긋볼긋하다 푸릇푸릇하다 뽀송뽀송하다
포근포근하다 말랑말랑하다 보들보들하다 야들야들하다
실핏줄 투명하다…

이제 막 눈 뜬 신생아다

고 여린 손으로
햇살 바람 하늘과 새들…
온 우주를 끌어당긴다

이 경전을 읽어내려면
마음에 먼지 한 점 없어야 한다
　　—「경전 읽기」 전문

그는 지금 새싹을 틔우는 봄의 나무경전을 읽고 있다.

시인에게는 세상의 모든 현상이 어린아이의 눈처럼 낯설
고 경이롭고 새롭다, 날마다 만나는 아침도 그렇고 제라늄도
그렇고 별도 햇살도 그렇기에 시인이 세상을 보는 것은 경전

을 읽는 것과 같다.

겨울 지나 봄을 맞는 나무가 내미는 새싹은 나무에게는 일종의 부화이면서 해탈이고 열반이다.

시인은 나무가 내민 새싹을 보면서 나무의 속살을 읽는다. 그 속살을 오감으로 읽으면서 경이로운 경전의 세계에 빠져들 뿐만 아니라, 그 작고 여린 새싹이 햇살과 바람과 하늘과 새들의 온 우주를 끌어당기고 있다는 경전의 깨우침에 이른다.

본 대로 느낀 대로 말하는 시인의 미적 향유와 태도에 우리 정서는 저절로 순화되고 치유가 된다.

이 시 한편에 박효숙의 시심이 그대로 안겨 있다.

마음으로 만나는 풍경과 보이지 않은 것을 보는 마음의 풍경은 경전 아닌 것이 없다.

그래서 시인에게 햇살 쏟아지는 풍경도 수없이 많을 수밖에 없다. 키 작은 풀꽃을 어루만지며 쏟아지는 햇살, 무너진 묏등 위에 쏟아지는 햇살, 정오의 고딕체로 쏟아지는 햇살, 새순 위 윤슬로 쏟아지는 햇살, 농부의 손길 되어 쏟아지는 햇살 등은 한결같이 시간의 햇살로 쏟아진다.

생태학적인 관점에서 벗어나 인문학적인 관점에서 생각하는 통섭은 박효숙 시인의 안목처럼 하나에서 많은 다양성을 풀어내는 일이다. 하나이면서 여럿이고 여럿이면서 하나다.

연분홍 작은 여뀌꽃을 보며 사랑의 변주곡을 연주하는가 하면 그 섬 노을을 훔치며 "언젠가 한번 꼭 피어나거든 저 꽃만큼만" 피고 싶어 그리움도 표절한다. 그런가 하면 타임머신을 타고 온갖 추억을 소환하기도 한다. 그 추억은 비밀곳간이고 물관 속 깊은 곳에 핀 꽃과 잎이고, 그녀만의 오롯한 창세기로 남아있다.

살아가는 순간순간이 '이즈음'이면 늘 그 말에 물드는 것이다. 그래서 문득문득 나를 물들이는 그 말에 시의 첫 말문도 자연스럽게 툭 튀어나오는지 모른다.

    오, 바람 속 꽃송이야(「아찔한 비행」)

    겨울이 무릎 세우는 날이다(「입동 단편」)

    옛말, 꽃 싸움 이길 자 없다 했으니 불 질러 놓고 보는 거야(「꽃의 정치」)

    허방을 때리며 톡, 떨어진 손안의 상수리 열매 하나(「영글다」)

    간식 같아서 정석을 신뢰하는 나에겐 브런치는 가볍지(「브런치 콘서트」)

    세상 모든 햇빛을 끌어다 모으면 이렇게 밝아질 수 있나요(「오르가슴에 대한 고찰」)

    한 꽃송이 떴어요(「나비 폭풍」)

    그녀는 한없이 열리는 문이다(「제라늄에 살랑거리다」)

    채송화처럼 나, 조그마했을 땐 온 가족이 두 손 모아 봄을 영접했어요(「색동꽃무늬」)

　익히 알고는 있었지만 저렇듯 매운 말이 들어있을 줄이야
(「질책」)

　오늘은 쑥 향기 가득한 아침을 준비하셨네요(「봄 산」)

박효숙의 시적 인상은 첫 발화의 경이로움에 있다.

일상의 습관에 갇혀 살고, 언어의 덫에 갇혀 살고 있는 답답함을 호소할 때가 많은데 이것은 단순히 언어표현 문제가 아니라, 그 존재의 본질에 접근해가는 관점의 문제, 즉 어떻게 하면 그동안 보지 못한 또 다른 모습을 발견할 수 있을 것인가에 대한 고민이다. 그것은 단순히 눈으로 관찰한 결과로서가 아니라 마음으로 들여다보고 마음으로 소통한 결과물이다.

알고 보면 내 안에는 엄청스레 많은 과거의 경험들이 언어화되어 차곡차곡 저장되어 있다. 마음으로 본다는 것은 이미 내 안에 이미지화 되어 들어있는 그런 과거경험과 생각을 불러내는 일이다.

그래서 시상을 열어가는 첫 발화는 우연히 툭 튀어나온 발화가 아니라, 이미 내 안에 저장된 생각을 불러낸 것들이다. 창의성은 사물과 사물을 연결하는 능력, 즉 직·간접적으로 경험한 모든 정보를 이전과 다른 방식으로 연결하는 능력이다. 이미 내 안에 있는 정보를 적재적소에 불러내는 능

력이다.

경험이 곧 언어고 언어가 곧 존재다.

그래서 일상에서 시적 순간이 오면 그에 필요한 언어가 소환된다. 시적 상상력도 언어와 체험의 만남이다.

경험에 의해 새로운 지식이 창조되고 그와 동시에 새로운 언어가 창조된다. 경험이 많을수록 내가 가진 언어가 많아지고, 내가 소유하는 언어가 많으면 많을수록 말부림의 폭이 넓고 깊어지기 마련이다.

그 언어적 체험의 깊이와 너비가 유추, 연상의 수준과 스펙이다. 문제는 어떻게 하면 자유자재로 새롭고 공감있는 말을 불러낼 것인가인데 박효숙은 그 출력이 자유로워 늘 듣는 말이 새로우면서 낯선 감동을 주는 화법으로 거듭나게 한다는 점이다. 낯익은 경험을 낯선 경험의 언어로 창조하는 들머리가 있다.

그녀는 한없이 열리는 문이다
날이면 날마다
아이 많이 만드는 이웃집 여자처럼
치마폭을 들춘다
철없이
출렁, 허리가 휘도록
그녀는 고즈넉이 아이들을 낳는다

보푸라기 이는 숨을 쉬며
　　온종일 자룽자룽 종을 울린다
　　무심무심 불어오는 바람에도
　　그녀 붉은빛 색깔 붉은빛 향기의
　　끊임없는 파장들, 우주가 뜨겁다
　　언젠가 나도 꽃을 피우던 시절 있었다
　　내 품에 머리를 기대오는 제라늄 꽃처럼
　　볼이 곱고 환한 아이나 몇 더 낳아 둘걸
　　그녀 밝은 빛의 현들
　　햇빛 속에서 살랑거린다
　　그 살랑거림 속에서, 나도
　　살랑거린다
　　　―「제라늄에 살랑거리다」 전문

　박효숙은 특히 꽃 중에서도 제라늄을 반려식물로 키운다, 꽃이 피는 과정은 사랑의 과정이고 그 사랑에서 우주의 뜨거움을 느끼고 온종일 자룽자룽 울림의 종을 친다. 시인에게도 밝은 빛의 현들이 햇빛 속에 살랑거리는 그런 사랑을 한 시절이 있었음을 회고한다.

　제시어에 생각의 관점과 확장에 따라 또 다른 많은 의미와 어휘가 숨겨져 있다.

　이것이 익숙한 낯선 단어로써 의미를 심장하게 하는 방법이다.

'의미심장하다'는 말은 의미가 심장에 꽂히면 의미심장해진다는 뜻이다. 즉 의미를 머리에 닿게 하여 이해시키려는 것이 아니라, 의미를 가슴에 닿게 하여 느낌이 닿아 감동하게 한다는 뜻이다.

'세상을 지배하려면, 상대방의 마음을 훔치고 싶다면 논리적으로 설명하지 말고 은유적으로 설득하라'는 말은 의미를 심장에 꽂아 의미심장하게 하라는 뜻이다. 모든 시는 시인 자신은 물론 독자에게 의미심장해야 하며, 그렇게 되기 위해서는 먼저 많은 사람들이 경험한 내용에 안겨있는 낯선 의미를 발견하여 제시할 때 가능하다. 그래서 시창작의 낯설게 하기는 '일상사 속의 일상사' '일상어 속의 일상어'를 발견하는 일이면서 이것에서 전혀 다른 영역의 저것을 보는 일이다.

시를 시답게 하는 것 또한 시 속에서 경험과 그 언어를 사용하는 방식일 것이다.

세상의 모든 위대한 것들은 꽃이 피고 지는 사소한 것들이지만 그 사소한 것들에 우주의 원리가 안겨있다는 것, 기적 아닌 것이 없다. 꽃이 피는 것으로 하늘의 뜻을 읽는 통찰이고 내 마음 안에서 세계의 마음을 읽고 들여다보는 통섭이라면 박효숙 시인은 일상화된 우리 인식의 틀을 깨고 그렇다고 생각해왔던 인과관계를 차단하여 경험과 경험, 생각과 생각의 몽타주 혹은 콜라주를 하는데도 자유롭다.

   그것은 어떤 상황에도 언어부림이 수월하다는 뜻이다. 시가 인문학의 중심에 있고 인문학은 거창한 이야기가 아니라 사람과 사람의 관계를 풀어내는, 사람에 대한 기본적인 이해를 고민하면서 우리 삶을 더 가치있게, 아름답게, 의미있게, 인간답게 풀어내는 화법의 문제임을 알 수 있다.

   초록 이파리 위
   나는 한 마리 작은 연두벌레

   내 몸 어딘가에서 초승달이 떠오르던 곳
   발걸음마다 채송화가 따라오던 곳
   괜찮다 괜찮다고, 꽃잎의 손수건을 내밀던 곳

   반딧불이 꽁무니 따라 시간을 벗어나던 여름밤과
   유성 꼬리마다 피어나던 싸리꽃들과
   받침대 없이도 잘도 뜨던 어린 별들과
   시간을 발밑에 묻고 살던 꽃나무들과
   잃어버린 공깃돌, 깨어진 소꿉종지들과
   죽은 딱정벌레들의 기다란 목과 맨발의 반가사유
   상여를 내리기에도 딱 좋은 뜰이었어요

   그늘과 열매를 넌지시 건네주던 어르신 나무들과
   그 나무 아래서 손잡았던 아이들 햇살 웃음

옥양목 이불깃 눈부시게 나부끼던 빨랫줄엔
까치며 참새들 별자리가 조금씩 밀리기도 했어요

내가 처음 눈을 열어 바라보았던 세상
어머니와 작은 뜰이 있었던 그곳
나의 에덴이었죠
　　—「나의 에덴」전문

　박효숙의 상상력을 관통하는 힘은 정직하고 착한 심성이다.
　달빛과 별빛을 좋아하고 찔레꽃 같은 순수로, 때론 발랄함으로 골짜기든 벼랑이든 두려움 없이 제 삶의 중심을 만들어(「소녀」) 시적 전개의 힘으로 들어낸다. 이목에 사로잡힌 분별망상의 허황한 불빛이 꺼지게 되면 그때 내면의 빛이 나온다.
　그녀, 나비의 날개를 꿈꾸는 사랑을 하며, 고요히 호흡을 가다듬는 바람의 손길에도 솜털 보송보송한 가슴이 콩당거리는 맑은 영혼의 겨울 눈꽃 같은 소녀. 그런가 하면 초승달이 떠오르고 발걸음마다 채송화가 따라오던 곳에 초록 이파리 위 한 마리 작은 연두벌레다.
　제 안에 있는 네거티브가 아닌 포지티브 포지션으로 세상을 읽기 때문에 늘 맑은 삶의 포즈를 지닌다. 그의 포지티브는 꽃을 품고 사는 마음이리라.

그의 에덴은 생명현상에 대한 은유이자 꽃의 은유다. 꽃의 의미체험과 꽃을 통한 자아성찰의 은유라는 두 가지 화소를 갖고 있다. 이를 통해 잃어버린 동심과 잃어버린 삶의 풍경에 대한 그리움을 드러내고, 잃어버린 처음의 모습을 다시 정립하고자 한다. 그녀의 시편들에 한결같이 등장하는 꽃은 김춘수의 꽃에서처럼 본질 규명에 대한 꽃의 존재론적 포즈로 자리하면서 나아가 자아성찰의 은유로 역할수행을 한다.

그는 꽃에서 생을 배우고 꽃에서 삶을 탐색한다.

이 간단한 명제가 바로 박효숙 시인의 미적 상상력을 견고하게 떠받치는 축이다. 즉 꽃은 해맑고 순수한 시인의 본래적 자아에 대한 간절함이 반영된 시적 오브제가 된다.

익히 알고는 있었지만
저렇듯 매운 말이 들어있을 줄이야

둥글둥글한 겉모습과는 다르게
겹겹이 쌓인 감정의 속살 여지없이 드러낸다
무사히 지나가지 못할 것 같은 예감에
슬쩍 시선을 피해 보기도 하지만
돌이킬 수 없는 상황이란 걸 인지한다
말로는 애초에 너무 미약할 것 같아
도리없이 그는 침묵의 운을 떼었을 것이다
둥근 방에 갇혀버린 소통의 길은

무심코 단단한 육질의 언어로 바뀌었을 것이다
한 움큼의 숙성된 뼈있는 말
양파 속에는 눈물을 쏙 빼놓는 질책이 들어있다
한나절 알알하게 눈물 쏟고 나니
그 무슨 슬픔 같은 것이 뉘우침 같은 것이
내 안의 어둠을 살짝 걷어내면서
말갛게 씻어지는 것 같아
그의 말씀을 목간木簡처럼 받아들고 성찰한다
　—「질책」전문

언어는 생각의 옷이다.

이 시는 양파를 까며 갖는 생각으로 "익히 알고는 있었지만 저렇듯 매운 말이 들어있을 줄이야"라는 첫 발화에 이미 시인의 의도가 다 드러난다. "둥글둥글한 겉모습과 달리 겹겹이 쌓인 감정이 속살을 드러내는" "눈물을 쏙 빼놓는 질책이 들어있다"는 내포적 의미를 대상과 언어의 관계성으로 풀어낸다.

세상의 모든 존재는 언어이고 그 언어는 관계성에 의해 거듭나기 마련이다. 같은 대상과 현상이라고 누가 표현하느냐에 따라 다 다르게 표현하는 것은 생각이 다르기 때문에 대상과 현상에 대한 과거의 경험치 즉 개념어가 다르게 나타난다. 세상에서 가장 행복한 사전은 남이 정의해 놓은 사전이 아니라, 내가 체험하고 느끼면서 정의해놓은 나만의 개념어다. 거기에는 내 삶의 흔적, 내가 겪은 우여곡절이 다 담겨있기 때문이다.

나의 개념어는 내가 경험한 것들이 이미지화 되어 저장된 언어다. 그래서 어휘의 외연적 의미는 같아도 그 내포적 의미는 다 다른 것이다. 왜냐하면 그 개념에 대한 선험이 다 다르기 때문이다.

세상은 나만의 언어의 개념적 넓이와 깊이만큼 이해되고 해석된다는 점에서 나만의 언어로 세상을 바라보고, 나만의 방식으로 생각하고 표현한다.

    너부러진
    그녀의 풍성한 젖가슴과 아랫배는
    생명의 곳간
    온갖 것들을 품어주는 산이다
    마른 들녘을 적셔나가는 노을빛 강이다
    시간의 물결 위로 떠내려가는 꽃잎이다
    낮고 부드러운 골짜기와
    무명필로 흐르는 능선의 여수旅愁와
    구긴 습자지처럼 조붓한 어깨선들
    꺾이고 접힌 어머니 세월이다
    둥글게 말아 앉은 이슬과 해와, 또 그 발자국마저
    모든 무게를 버린 듯

회고도 미래도 버린 듯
무등無等에게로 돌아가는 무등無等이다
담백하고 욕망 없는 새벽길이다
그*의 누드
어머니는 무등산이다
　　―「은유의 누드 혹은 무등산」 전문

　피카소의 선과 획을 긋는 터치와 루벤스의 풍만한 데생 기법으로 한국이 낳은 수채화의 대가, 배동신 화백의 '무등산'을 '은유의 누드'로 읽는다. 누드는 벌거벗은 몸이지만 시인에게는 있는 그대로의 본질 혹은 생명의 원천으로서 누드다. 온갖 것을 품어주는 산, 노을빛 강, 시간의 물결 위로 떠내려가는 꽃잎, 능선의 여수旅愁와 꺾이고 접힌 어머니의 세월을 간직한 무등無等이다.

　가장 한국적인 기질, 불의에 굴하지 않는 올곧음의 본질에 대한 소통과 은유다. 세상의 모든 존재는 관계성에 의해 존재가 규명되고 새롭게 해석되기도 한다. 익숙한 것도 관계성에 의해 새롭고 낯설게 보이며 전혀 다른 존재성으로 거듭나게 한다.

　'그 이상 더할 수 없을 정도로'라는 무등無等의 본질을 응시하는 그의 시적 상상력이다.

　무등산도 어머니지만 시인에게 어머니는 한편의 서사 혹

은 봄산이다.

>오늘은 쑥 향기 가득한 아침을 준비하셨네요
>아기새 연둣빛 옹알이가 넝쿨째 번져와
>말 배우는 아이처럼 입속이 환해졌어요
>모처럼 귀도 말갛게 틔었답니다
>햇살 바른 곳에 오래오래 앉았다 가라시며
>양지꽃 꽃다지 웃음으로 마중도 해주셨네요
>서릿발 숭숭 뚫려 기울던 산비탈에
>남산제비꽃 두엇 넌지시 피워두신 건
>서두르지 말고 다니라는 웅숭깊은 당부셨지요
>단비 땅을 적시어 흙내음 물큰하게 피어오르는
>봄 산,
>당신의 품속을 걷고 있습니다
>내가 만난 따뜻한 숨결들 모두
>어머니였습니다
>　―「봄 산」 전문

 날마다 새로운 식단으로 채워주고 꽃밥 지어 기다려주고 넉넉하게 품어주는 봄 산은 시인에게 어머니다. 시인은 여기에서도 어머니인 봄 산 앞에서 어린 아이가 된다. 넉넉한 품 안에서 걷고 뛰면서 만나는 아기새 연둣빛 옹알이에 입속이 환해지는가 하면 귀도 말갛게 틔었다. 양지꽃 꽃다지 웃음으로 마중도 해주고 넌지시 피워둔 남산제비꽃으로 서두르지 말라는 융숭 깊은 당부를 해주신다.

모든 자연은 어머니다.

그것이 박효숙의 새로운 자기 개념어를 갖는 비결이다.

시 「서사의 무늬」에서 목이버섯을 양푼에 담그는 일상에서 접한 시인의 개념어는 어떻게 자연스럽게 우러나 시간과 공간을 가로질러 자유롭게 건너다니는가를 알게 된다.

    작심한 듯
    고요에서 깨어난 낯선 얼굴들이
    양푼 가득 넘치게 피어나는 거라
    갈 빛 적막이 실타래처럼 풀리는 거라
    대웅전 부처님 귓밥처럼 길어지는 거라
    입은 작게 귀는 크게 열라는 가르침을 새기는 거라
    그 말씀 빛이어서
    사라지면 언제 다시 올지 몰라
    까치발 들고 두 귀를 모으는 거라
    말랑말랑한 귓바퀴를 활짝 열어놓고
    첫새벽 같은 경經 읽는 소리에 귀 기울이는 거라
    따뜻한 불빛의 잠언으로 피어나는 거라

    양껏 물을 마신
    목이木耳버섯 한 줌

저 눈부신 서사敍事의 무늬들
—「서사敍事의 무늬」전문

 눈부신 서사의 무늬는 시인이 일상을 만나 창조된 눈부신 개념어다. 목이버섯 물에 담그자 일어나는 현상이 이처럼 많은 개념어를 내포하고 있다는 것이다, 대웅전 부처님 귓밥처럼, 귀를 크게 열라는 가르침을 새기는 것, 그리고 그 말씀이 빛이어서 까치발 들고 귀를 모으는 것, 첫새벽 경읽는 소리에 귀 기울이는 것의 서사의 개념어를 만난다.

 박효숙의 융단의 언어와 의미 창조는 억지가 아닌 자연발화법으로 진행된다.

 "허방을 때리며 톡, 떨어진 손안의 상수리 열매 하나"에서 읽는 '영글다'의 의미 또한 '단단하다 매끄럽다 동그랗다 속 깊다 매초롬하다 촘촘하다 알뜰하다 여물다 깻돌 같다 오밀조밀하다 탱글탱글하다 또록또록하다'는 오감적 풀이는 물론 '속이 꽉 찬, 찰진 살 내음, 남몰래 궁글린 시간, 곡선으로 가는 삶, 곰삭은 꽃샘바람과 염천의 구름과 장대비와 늦가을 햇볕 발 딛는 소리'의 인문학적 의미까지 풀어낸다.

 급기야는 '상수리나무 야무진 고요'까지 영글다의 의미로 풀어낸다.

 시인에게 그리움 또한 늘 쓰다듬어주고 싶은 것, 먼 곳에 있어야 비로소 보이는 것, 멀면 멀수록 더 또렷하게 보이는 것, 떨어져 있을수록 함께하는 것, 어두워질수록 환하게 보이는 것, 눈앞에 잡힐 듯 뭉클 떠오르지만 잡히지 않는 것, 가던 걸음 멈추고 그 자리에 문득 서 있는 것, 다음날도 그다음 날도 그 자리에 서 있는 것, 사라진 시간의 눈꺼풀을 가만가만 쓸어내리는 것, 꺼도, 꺼도 다시 환해지는 것이다.(「그리움의 생태에 관한 보고서」)

'어깨너머'로란 말의 의미에도 슬며시 다가가 가만히 귀 기울이고, 뒤에서 어슬렁거리다 조금씩 닮아가고, 아무리 써도 빛이 되지 않는 깃털 같고, 붙들지도 매달리지 않아도 글썽이고, 마주치거나 뿌리내리지 않아도 되고, 머물다가 훌쩍 떠나도 아쉽지 않고, 밀어내거나 서로에게 금 긋지 않는다(「'어깨너머'로 라는 말」)는 의미를 읽어낸다. 언어적 기교가 뛰어나다고 해서 다 시인이 아니고, 그림만 잘 그린다고 화가는 아니다. 삶의 내면을 들여다보지 못하는 사람은 예술가가 될 수 없다. 겉모습을 통해 안쪽을 들여다보고 보이는 것 너머를 보는 힘이 있어야 한다.

박효숙은 대상과 현상의 안쪽을 들여다볼 수 있는 눈을 가지고 있다.

우리가 늘 사용하던 언어도 그가 쓰면 새로운 말의 사리슭利가 되고, 풀잎 위에 글썽이는 이슬 같은 그 말의 품 안에서 독자들은 예쁜 사람으로 애틋하게 다시 피어난다.

> 세상 모든 햇빛을 끌어다 모으면
> 이렇게 밝아질 수 있나요
> 세상 모든 햇볕을 안아서 모으면
> 이렇게 뜨거워질 수 있나요
> 저녁노을 한데 묶으면
> 이처럼 붉어질 수 있을까요
> ―「오르가슴에 대한 고찰」부분

꽃의 오르가슴을 이렇게 표현해낸다. 시인의 표현에 기대면 "알몸으로 보시한 씨알, 詩알이자, 억겁의 세월 흘러도 지워지지 않을 적멸의 새벽에 피워낸 둥근 말의 사리舍利"다. 그러면서 '우리는 얼마나 사소한 것들과 함께 사는가', '얼마나 사소한 것들이 우리를 일으켜 세우는가' 하는 사소한 것들의 눈부심을 발견한 관점이 눈부시다. 이처럼 시인의 시는 독자로 하여금 나를 대면하게 하는 관계의 인문학으로 다가온다. 관계의 인문학은 나만의 존재의미가 아니라, 함께 더 가치있게, 더 아름답게, 더 의미있게 풀어내는 더다이즘의 화법이다.

세상의 맑은 은유로 가는 그녀의 세상을 만나면 진정으로 호기심 가득한 떡잎의 말들과 꿈꾸는 시의 숨결을(「떡잎의 발설」) 만나고, 우리 생의 안마당을 들여다보는 즐거운 공감으로 다가온다. 이미 경험한 표정과 표징들을 불러내어 서로 소통하고, 융합하고, 크로스오버하게 하여 새로운 시적 상상력으로 나아가게 한다.

그리고 시처럼 한번 살아보고 싶은 행복한 소통의 커뮤니데아로 안내한다.

현대시학시인선 127

조팝꽃은 아홉 살

초판 1쇄 발행	2023년 8월 1일
지은이	박효숙
발행인	전기화
책임편집	고미숙
발행처	현대시학사
등록일	1969년 1월 21일
등록번호	종로 라 00079호
주소	서울시 종로구 계동길 41
전화	02.701.2341
블로그	http://blog.daum.net/hdsh69
이메일	hdsh69@hanmail.net
배포처	(주)명문사 02.319.8663
ISBN	979-11-92079-81-3 03810

○ 책값은 뒤표지에 있습니다.
○ 이 책의 판권은 지은이와 현대시학사에 있습니다.
  이 책 내용의 전부 또는 일부를 재사용하려면 반드시 양측의 서면 동의를 받아야 합니다.
○ 잘못 만들어진 책은 구입하신 서점에서 교환해드립니다.